MÉMOIRE

SUR LA ROUTE DE CHINON A SAUMUR,

OU

STATISTIQUE de cette contrée de la France, située entre Saumur, Montsoreau, Candes, Chinon, l'Isle-Bouchard, Sainte-Maure, la Haie, Châtellerault, Richelieu, Loudun et Fontevrault, avec Carte lithographiée, réduite d'après celle de Cassini,

PAR M. DU PETIT-THOUARS,

MEMBRE DU CONSEIL GÉNÉRAL DU DÉPARTEMENT D'INDRE ET LOIRE.

SE TROUVE { A SAUMUR, CHEZ DEGOUY aîné, IMPRIMEUR-LIBRAIRE.
A CHINON, CHEZ AUGER, LIBRAIRE.

SAUMUR, IMPRIMERIE DE DEGOUY aîné. (1820.)

[illegible]

[illegible]

[illegible]

[illegible]

[illegible]

[illegible]

[illegible]

[illegible]

[illegible]

[illegible]

[illegible]

MÉMOIRE

SUR LA ROUTE DE CHINON A SAUMUR.

AYANT à combattre des préventions ou des erreurs, ce Mémoire, je l'avoue, m'est assez difficile à faire. Je serai à tout moment entre le désir de ne pas blesser des personnes que j'estime et la crainte de le faire. Je veux dire que, gardant le silence sur certains griefs, je ferai le sacrifice de plusieurs moyens de défense; je tairai aussi le nom de ceux à qui je pourrais faire quelques reproches fondés; ainsi je serai obligé d'appeler souvent la particule *on* à mon secours; cela gênera ma narration, mais, à cela près, la vérité sera partout sa fidèle compagne.

Appelé deux fois au conseil général de mon département par le seul suffrage de mes concitoyens, j'en dois défendre les intérêts quand je les vois lésés quelque part. Appartenant à cette belle contrée de la France, qui fait partie de trois départemens limitrophes, je dois connaître ses intérêts; et enfin, sollicité depuis long-tems par tout ce qui l'habite de faire valoir les motifs qui réclament l'achèvement de cette route projetée depuis nombre d'années et commencée à plusieurs reprises, j'ai dû prendre la plume (*a*) pour essayer de convaincre des personnes influentes, qui, à la

(*a*) En commençant ce Mémoire, mon dessein n'était pas de le faire imprimer; je le faisais seulement pour quelqu'un qui me l'avait demandé; mais depuis qu'il est fini, l'ayant communiqué à plusieurs autres personnes connaissant bien tous les intérêts de cette contrée, et ayant obtenu *leur pleine et entière approbation*, je me suis déterminé à le livrer à l'impression, pour donner toute la publicité nécessaire *à l'évidence et à la solidité des raisons que je présentais*, et pour répondre à l'invitation qui m'était faite de continuer *à soutenir l'exécution d'un projet aussi majeur.* (Ces italiques se trouveront justifiés dans la suite de ce Mémoire.)

vérité, étrangères à ce pays, ne connaissent ni sa statistique, ni son importance, et qui, d'après cela, ont ajourné à-peu-près indéfiniment, comme on va le voir, le moment où l'on doit s'occuper de cette route.

Depuis plusieurs années le Gouvernement a mis à la charge des départemens ce qu'il a appelé *les routes départementales*. Ainsi ceux des départemens qui, par leur situation ou le hasard, se sont trouvés en avoir beaucoup, ont été dans l'alternative ou de les laisser dépérir de plus en plus, ou de se surcharger tous les ans d'impôts, c'est-à-dire, de toujours imposer les centimes facultatifs, et encore dans la plupart cela n'a pas suffi.

C'est dans cette dernière catégorie que s'est trouvé le département d'Indre et Loire. Onze routes départementales, formant environ quatre-vingt-cinq lieues à entretenir, à réparer ou confectionner, étaient hors de proportion avec ses moyens. C'était là où était le vice, et ce qui, malgré le soin et le talent des ingénieurs, empêchait de parvenir à un certain degré de viabilité. On a voulu voir ce vice ailleurs, et l'on a dit : *On ne parviendra jamais à confectionner les routes départementales si l'on ne commence par un bout pour finir par l'autre.* Je l'avoue, cette phrase arrondie a quelque chose qui séduit; elle est vraie en bien des circonstances, mais il s'en faut qu'elle le soit dans celle-ci.

Un particulier est bien le maître de dépenser son argent comme il veut; mais quand on dépense celui des autres, il faut y regarder à deux fois; et remarquez ici que l'imposition des centimes facultatifs est spécialement destinée aux routes départementales, et que quand on use de la faculté délicate de l'établir on donne précisément pour raison aux contribuables, du moins dans notre département, que c'est pour les réparations et l'entretien de leurs routes.

Cependant ce système a prévalu, et c'est celui d'après lequel on travaille aujourd'hui au rétablissement de nos routes. Je l'ai combattu autant que je l'ai pu; je le trouvais plus que sévère, je lui en opposai un autre; le public pourra juger les deux. Celui que je proposai se trouve renfermé dans l'appendice que je mets à la fin de ce Mémoire.

Ainsi l'on a dit : « Avec tous ses centimes facultatifs et sa part aux fonds » communs, le département d'Indre et Loire ne peut offrir qu'une somme

» annuelle de 100,000 francs applicable à ses routes ; il faut 800,000 francs » pour les réparer, et par conséquent il faut huit années pour y parvenir. »

D'après cette hypothèse on a proposé le plan suivant :

1re *Année.*

Vingt mille francs sont destinés à l'entretien des routes dites à l'*entretien*. (Rien de mieux.)

Quatre-vingt mille francs seront employés sur telle route, une ou deux, jusqu'à entière confection.

2me *Année.*

Idem, à-peu-près.

3me *Année.*

Idem, etc., etc.

Enfin 8me *Année.*

Six mille francs, c'est-à-dire les miettes, *qui restent des* 800,000 francs *seront destinés, dans huit ans, à la route de Chinon à Saumur. Ainsi toutes les routes du département seront achevées* HORS *la route de Chinon à Saumur.*

Telle a été la péroraison du plan proposé et adopté.

Je l'avoue, appartenant à cette contrée de la France si fertile, si populeuse, si industrieuse et si commerçante, je fus profondément affligé de la voir ainsi oubliée, ou du moins, s'il en est question, ce n'est, pour ainsi dire, que pour l'humilier, en la rejetant à huit années avec une misérable somme de 6000 francs, et 6000 francs les plus incertains qu'il y ait au monde, quand il lui en fallait quinze fois autant : je ne conçois pas même comment, faisant tant que d'établir une série de huit années, on n'en ait pas fait une de neuf, il n'en coûtait qu'un huitième d'effort de plus. Je dis incertains, non-seulement pour cette somme, mais pour toutes les autres, sauf celle de la première année ; parce que les hommes, les circonstances, les systêmes changent ou peuvent changer ; alors d'autres erremens, d'autres choses, et en attendant les uns auront eu tout et les autres peuvent n'avoir rien.

Je dirai plus ; ceux qui ont ainsi supposé un fonds de 800,000 francs, qui ont fait un plan en conséquence et lui ont donné un commencement d'exécution, en avaient-ils bien le droit ? Car enfin le corps législatif lui-même ne peut jamais voter aucun impôt au-delà d'un an ; c'est tout au plus ce qu'ils auraient pu faire, en se rendant caution des fonds qu'ils ont regardés comme assurés ; mais la prudence ne le leur permettait pas : voilà comme l'illusion accompagne souvent les meilleures intentions.

Ensuite j'ai demandé comment, en n'accordant à cette route que 6000 fr., on ne lui avait pas même accordé la priorité, ajoutant que c'était certes la plus mauvaise de toutes et une des plus nécessaires, toutefois en supposant que le département d'Indre et Loire ne soit pas un pays isolé et qu'il ait des relations avec d'autres français, avec d'autres départemens : car enfin, disais-je, en traitant cette route ainsi on la met hors la loi ; elle qu'une loi spéciale a mise au rang des routes départementales ; elle portée la première sur le tableau de nos routes, sous le nom de *route de Tours à Saumur par Chinon et Candes*, et qu'il semble qu'on ait, pour ainsi dire, déplacée violemment exprès pour la maltraiter.

A toutes mes réclamations et observations on a répondu :

1° *Que cette route n'a aucune importance ;*

2° *Qu'elle doit être regardée comme un chemin vicinal, utile seulement à quelques communes rurales ;*

3° *Qu'elle avait la navigation de la Vienne ;*

4° *Qu'il est impossible de la mettre hors d'eau ;*

5° *Qu'on ne devait rien entreprendre de neuf que tout ne fût réparé.*

Ces cinq allégations vont diviser ma réplique.

1° *Cette route ne présente aucun intérêt et est de peu d'importance.*

On ne pensait pas ainsi il y a quarante ans ; cette route fut alors jalonnée et commencée, les témoins sont encore sur place. Les plans, devis et profils en sont déposés dans les cartons de M. l'Ingénieur en chef ; et les témoignages de MM. D'Aisne et de Montrocher, l'un intendant et l'autre ingénieur en chef de la généralité de Tours, dont un heureux hasard m'a procuré les lettres, vont prouver que le Gouvernement, qui connaissait tous les intérêts, tous les rapports, a toujours regardé cette route comme *importante.* Son achèvement fut arrêté par la révolution qui arrêtait tout, et par la division qui partagea la généralité de Tours en trois départemens, et en même tems les intérêts de cette route en deux parties qui furent ainsi placées à l'extrémité de leurs départemens respectifs ; et l'on sait que des intérêts ainsi placés sont *quelquefois* oubliés aux chefs-lieux de département...... Mais mettons en main les preuves que cette route a toujours été regardée comme *importante*.

Extrait d'une lettre de M. D'Aisne.

Tours, 14 octobre 1785.

« J'ai reçu, Monsieur, le mémoire très-détaillé sur la nécessité de rendre praticable la partie de grande route qui tend de Chinon à Saumur ; je vais m'occuper de cet objet *important*, et je profiterai des premiers moyens que j'aurai à ma disposition pour entrer, à cet égard, dans les vues de tout le public, en faisant travailler le plutôt possible à cette partie de grande route. » *Signé* D'AISNE.

Autre du même.

Tours, 12 janvier 1786.

« Je ne perds point de vue le chemin de Chinon à Saumur, mais je ne puis prendre de parti à cet égard qu'après que M. de Montrocher m'aura procuré les renseignemens que je lui ai demandés, et cette route est trop *importante* pour que je ne m'en occupe pas aussitôt que les circonstances le permettront. »

Signé D'AISNE.

Autre de M. de Montrocher.

Tours, 21 octobre 1785.

« .... quant au chemin de Saumur à Chinon, personne ne l'a plus à cœur que moi et n'en connait mieux l'*importance* ; mais malheureusement nous manquons de fonds ; j'aurai cependant recours à tous les moyens possibles. »

Signé DE MONTROCHER.

Autre de M. Rodier, cru ingénieur ordinaire et neveu de M. de Trudaine, alors directeur général des ponts et chaussées.

Paris, 21 octobre 1785.

« .... je n'ai pas négligé d'appuyer auprès de mon oncle le chemin de Chinon à Saumur ; la nuit ne m'a pas empêché de voir combien il était mauvais ; je n'ai pas manqué de le dire à M. D'Aisne, qui m'a répondu qu'il s'occuperait de cet objet et ferait tout ce qui dépendrait de lui. » *Signé* RODIER.

Toutes ces promesses ne furent pas de l'eau bénite de cour, puisque, comme on l'a vu, les plans de cette route furent faits et qu'elle fut jalonnée et commencée.

A ces anciennes preuves de l'*importance* de cette route ajoutons-en de nouvelles.

La direction des ponts et chaussées, lorsqu'elle fit le classement des routes royales et départementales, il y a environ dix ans, ne pensait pas non plus que cette route fût sans *importance*. En mettant la route de Saumur à Limoges par Loudun et Poitiers au rang des routes royales, quelle devait être naturellement sa direction en partant de Saumur? Certainement ce devait être par Varrains, ce qui la raccourcissait d'une lieue; mais cette considération céda à celle de faire en même tems, sur Maine et Loire, la route de Saumur à Chinon, en lui faisant prendre sa direction par Montsoreau et Fontevrault. Ce motif est connu de tout le monde; mille fois on demanderait, en sortant de Saumur, sur quelle route l'on est, que mille fois on répondrait que c'est la route de Chinon, et jamais celle de Loudun, de Poitiers ou de Limoges. Je puis encore prouver cette assertion par l'extrait d'une lettre de M. ***, ingénieur ordinaire depuis vingt ans à Saumur.

« Le Gouvernement, me disait-il dans sa lettre du 20 janvier 1820, décida en 1802 » que la route de Saumur à Limoges renoncerait à la direction de Varrains pour » suivre celle de Montsoreau, ce qui formerait un ensemble (il supposait que celle » de Montsoreau à Chinon se faisait ou se ferait) avec les routes qui existent au-delà » de Chinon, notamment celle de Tours, qui, par Chinon, est supplétive de celle de » la Levée en cas de rupture. Ces motifs n'ont fait que s'accroître par l'activité » qu'acquiert de jour en jour le commerce intérieur, *surtout celui de Chinon et de* » *Saumur*....... Je viens de recevoir la demande du devis qui reste à faire, par » l'effet d'une pétition qui a été présentée à l'autorité supérieure par les communes » riveraines. »

Accumulons les preuves de l'*importance* et de la nécessité de cette route, dont le conseil d'arrondissement de Saumur et le conseil général de Maine et Loire sollicitent fortement la confection.

Voici la délibération qu'a prise à ce sujet le conseil d'arrondissement de Saumur l'année dernière.

« Trop de motifs rendent cette route *importante*, particulièrement dans » sa partie de Saumur à Montsoreau, pour que le conseil ne renouvelle » pas auprès du conseil général ses réclamations à ce sujet.

» Déjà les travaux exécutés les années dernières sur les portions les plus » dangereuses de cette route l'ont mise à l'abri d'une interruption totale. » Le conseil général est donc prié de solliciter les fonds nécessaires pour » l'entier achèvement de cette route si *importante*, comme *servant de* » *communication avec Chinon*.

» Il serait à désirer aussi que le conseil général, en vertu de l'autori- » sation qui semble lui en être donnée par l'article 20 de la loi du 16 dé- » cembre 1811, *s'adressât au conseil général du département d'Indre et* » *Loire, pour obtenir la continuation des travaux commencés sur la route* » *départementale de Montsoreau à Chinon*, ce qui achèverait la communica- » tion directe de Saumur avec Châtellerault par Chinon et Richelieu. »

Voulant savoir quelle attention le conseil général de Maine et Loire avait donnée à cette délibération, je priai M. L. S., l'un de ses membres, de m'en instruire. Voici la lettre qu'il m'a fait l'honneur de me répondre.

« Le conseil général, Monsieur, a appelé l'attention du Gouvernement sur le be- » soin de confectionner entièrement la route royale de Saumur à Montsoreau, qui, » pour notre département, offre le double avantage de *communiquer avec Chinon* et » autres villes dont les relations sont fréquentes avec Saumur.

» Notre préfet se propose d'informer le vôtre de la détermination prise par le » conseil général, et de lui faire part du *désir* que nous avons de voir le départe- » ment d'Indre et Loire adopter de son côté les mesures convenables pour la conti- » nuation de la route de Saumur à Chinon, également *importante* pour nos deux » départemens. »

Le conseil d'arrondissement de Chinon a, dans plusieurs de ses sessions, exprimé le même vœu. Voici ce qu'il a dit à ce sujet dans celle de 1819.

« Le conseil a vu avec peine que le conseil général, dans sa session » dernière, n'a pas cru devoir s'occuper de la route de Chinon à Sainte- » Maure, pour la partie depuis l'embranchement de la route de Châtel- » lerault (à Saumur) jusqu'à l'Isle-Bouchard, pour profiter pendant une » lieue de celle-ci qui est la *communication* (par Saint-Germain et Candes) » *de l'Anjou et du Bas-Poitou avec le Berry*; il ne s'agissait que de » remettre cette route au rang de celles conservées. Alors les communes » voisines, à l'exemple de *Candes* et *Saint-Germain*, auraient pu y faire » des travaux aux mêmes conditions. »

Voici encore un paragraphe contenu dans une pétition de la ville de Saumur et des cinq communes situées en Maine et Loire sur cette route ; elle est adressée au directeur général des ponts et chaussées.

« Du point de Montsoreau cette route (la route royale de Saumur à » Limoges par Montsoreau et Fontevrault) conduit à Chinon et à Tours ; » dans cette direction se rencontrent divers grands chemins qui aboutissent » à des villes et bourgs populeux et riches, dont les relations commerciales » avec Saumur et au-delà sont fort étendues et peuvent le devenir davan- » tage, si, à l'exemple de Maine et Loire, Indre et Loire peut obtenir les » améliorations que réclame le mauvais état de ses chemins dans cette partie » limitrophe de notre département. »

Au bas de la copie de la pétition que j'ai sous les yeux et qui m'a été envoyée par un membre du conseil général du département de Maine et Loire, est écrit : « Cette pétition est signée des maires et adjoints de la » ville de Saumur et des communes de Dampierre, Souzé, Parnay, Tur- » quant, Montsoreau et Fontevrault, et du directeur de la maison centrale » de Fontevrault, du commerce de Saumur, ainsi que des principaux » propriétaires de ces villes et communes, et recommandée particulière- » ment à M. le Préfet et à M. l'ingénieur en chef du département. »

Ainsi les vœux de trois conseils d'arrondissement (*a*), de deux conseils généraux et d'une grande ville, de plusieurs bourgs et communes et des principaux propriétaires riverains, se réunissent pour démontrer l'importance et demander l'entière confection de cette route, qu'il a plu à deux ou trois personnes, sans trop savoir pourquoi, d'appeler *vicinale*.

Enfin j'ajouterai à ces témoignages multipliés la considération de la nombreuse population qui est riveraine de cette route ou qui la termine. Cette population se compose ainsi : deux villes, Chinon et Saumur, près de

---

(*a*) C'est le conseil d'arrondissement de Loudun qui le premier a demandé que la route de Loudun à Chinon prît sa direction par le Moulin de la Voie, pour profiter d'une partie de celle de Chinon à Saumur. Effectivement les ingénieurs de la Vienne viennent de la jalonner dans cette direction : je tiens ces faits de deux membres du conseil général du département de la Vienne.

vingt mille âmes; quatre gros bourgs, Montsoreau, Candes, Fontevrault et Lerné, cinq mille; onze communes, Dampierre, Souzé, Parnay, Turquant, Couziers, Saint-Germain, Tizai, Cinnais, Seuilly, la Roche et Parilly, plus de neuf mille; en tout trente-trois à trente-quatre mille âmes répandues sur six lieues de longueur et au plus six lieues carrées. Il serait difficile, je pense, de trouver en France un point d'aussi peu d'étendue qui renfermât autant de population; une population qui, vu son industrie et la qualité du terrain qu'elle occupe, contribue sans doute plus que toute autre, toute proportion gardée d'ailleurs, aux charges de l'Etat: alors, avec plus de droits peut-être, pourquoi n'aurait-elle pas une égale part soit à la faveur, soit à la justice du Gouvernement, et pourquoi serait-elle privée du retour d'une portion quelconque de l'argent qu'elle fournit abondamment à la caisse commune?

2° *Cette route ne doit être regardée que comme un chemin vicinal, utile seulement à quelques communes rurales.*

Tel est le texte du considérant qui fait de Saumur et de Chinon des communes rurales et qui a fait prononcer notre arrêt de mort; mais cette assertion se détruit d'elle-même. A la vérité, je ne l'ai entendu prononcer que par quelques personnes qui, étrangères à ce pays-ci, en ignorent les intérêts et la position; mais leur opinion ayant occasionné la sévérité avec laquelle cette route et ce pays-ci ont été traités dans les allocations de fonds, il m'est important à moi, qui suis appelé à en défendre les intérêts, de chercher à éclairer ces mêmes personnes, persuadé que je suis que tout autre motif chez elles n'a pu leur inspirer cette sévérité. Ah! si elles habitaient un moment cette route et qu'elles aimassent la solitude, qu'elles trouveraient le voisinage de ce *chemin vicinal* importun! Mais parlons avec spécialité dans un siècle où on l'aime et où l'on exige que même les vérités morales soient prouvées comme deux et deux font quatre.

Jetons un moment les yeux sur la carte ci-jointe, et nous verrons cinq routes royales et une départementale, la plupart venant de l'ouest aboutir en patte d'oie à Saumur, et de là se continuer par une sixième jusqu'à Montsoreau, limite des deux départements; nous verrons en même temps quatre routes départementales venant de l'est abontir également à Chinon. Toutes ces routes ne demandent donc qu'à être réunies, qu'à se joindre par la confection des trois lieues de route qu'il y a entre la Levée de Parilly et Candes. Ainsi s'établirait une communication nécessaire entre les deux villes les plus importantes de leurs départemens respectifs, et la lacune qui se trouve sur les routes de Tours à Saumur par Chinon, de Châtellerault à Saumur par Richelieu, et enfin du Berry et de la Haute-Touraine par Sainte-Maure et l'Isle-Bouchard à Saumur, où tant de routes se réunissent, cette lacune, dis-je, serait remplie, et la communication de Chinon à Fontevrault par Candes et Montsoreau se trouverait toute faite. Cette communication est si nécessaire que M. le sous-préfet de Chinon ne trouve que difficilement des charrettes, tant les chemins sont mauvais, pour conduire les prisonniers à Fontevrault. Certes je ne pense pas qu'une route qui réunit autant d'intérêts doive être regardée comme un chemin vicinal; je crois, au contraire, que tous les motifs possibles militent en faveur de sa prompte confection.

Ce n'est sans doute pas non plus un chemin vicinal que celui parcouru depuis plus de cinquante ans par la poste aux lettres, qui sert quatre bureaux de poste et une distribution, Fontevrault, Candes, Montsoreau, Chinon, l'Isle-Bouchard et Richelieu; à la vérité, ce service se fait péniblement et longuement par des piétons; mais il serait aussi agréable pour ces villes ou bourgs de voir ce service fait plus promptement et de voir encore s'établir sur ces routes un service de diligence. Toutes les relations sociales, celles de commerce et d'industrie, outre la viabilité générale, les auraient bientôt remplies.

Il n'est pas hors de propos de citer ici ce que m'écrivait à ce sujet M. l'inspecteur des postes de ces départemens.

Tours, 19 *septembre* 1819.

« Depuis longtemps il existe une communication de postes entre Saumur et Chinon,
» mais le mauvais état des chemins n'a jamais permis d'y établir le service autrement
» qu'à pied; depuis peu il a été établi une direction à Fontevrault à raison de l'im-
» portance de la maison centrale de détention. Pour établir la correspondance entre
» ce nouveau bureau et ceux de Saumur et de Chinon, M. le directeur général des
» postes a décidé qu'il serait établi un service à pied de Saumur à Fontevrault par

» Montsoreau et un autre de Montsoreau à Chinon. Si les routes que doivent par-» courir ces deux courriers eûssent été en meilleur état, on eût sans doute établi ce » double service en cariole ou au moyen d'une diligence, ce qui serait d'un grand » avantage pour Saumur et Chinon, aussi bien que pour les nombreuses communes » situées entre ces deux villes. »

En effet, cette route qui longe la côte depuis Saumur jusqu'à Chinon offre presque partout l'aspect d'un village, et si cet aspect cesse un moment, on est presque toujours sûr d'être à moins de cent toises d'une habitation. Enfin j'atteste encore ici l'opinion de M. l'ingénieur en chef, plus éclairé que moi et surtout plus instruit sur le système des routes adopté par le génie des ponts et chaussées; je lui ai entendu dire maintes fois que cette route était entrée de tout tems dans les vues du Gouvernement.

3° Mais *ce pays*, dit-on encore, *a la navigation de la Vienne.*

Cette assertion prouve que ceux à qui elle appartient n'ont aucune connaissance de ce pays-ci; pour qu'elle fût fondée il faudrait que sept des neuf communes qui appartiennent au département ne fûssent pas séparées de la Vienne par d'immenses marais, et qu'il y eût d'autre point d'embarcation que celui de Saint-Germain; il faudrait supposer que les voyageurs venant des départemens de l'est ou de l'ouest, que les négocians de Saumur et de Chinon, leurs agens ou courtiers, qui, à cause des marchés, le fréquentent au moins quatre fois la semaine, que les marchands de vin de Paris, de la Sarthe et de la Mayenne, qui viennent tous les ans explorer notre côte et en acheter les vins (*a*), que les marchands qui fréquentent

(*a*) Les vignobles de Saumur et de Chinon ont attiré l'attention du Gouvernement. Son excellence le ministre de l'intérieur m'a fait l'honneur de m'écrire, ayant entendu dire que je m'étais occupé, *avec succès*, de la culture de la vigne, pour me prier de lui faire un mémoire sur ces vignobles : j'ai tâché de répondre à son attente. Par sa lettre du 29 mars dernier, Son Excellence, M. Siméon, me remercie tant en son nom qu'en celui du conseil d'agriculture, et cela en termes qu'il est inutile de relater ici. Il m'annonce en même tems que mon mémoire sera inséré aux annales d'agriculture : il y est en effet dans le n° du 30 avril. Notre côte présente donc un vignoble important, auquel une route viable est, *aussi bien qu'ailleurs*, nécessaire pour l'arrivage de ses vins au seul port de Saint-Germain. (Voyez la carte.) L'année dernière un propriétaire de Seuilly a perdu dans ces chemins affreux plusieurs pièces de vin.

les foires, et enfin que les trente-trois mille âmes qui peuplent cette route, il faudrait, dis-je, supposer que tous ceux que j'interpelle ici aimassent autant s'embarquer, eux, leurs chevaux, leurs charrettes et leurs voitures, ramer toute leur vie et remonter péniblement les courans, que de suivre des routes faciles et belles comme celles qui, dans le premier arrondissement, existent sur les deux rives de la Loire, et où l'on regarde comme une calamité publique un pavé qui y est dérangé. Est-ce bien surtout à ceux qui habitent les bords fortunés de ce superbe fleuve, si navigable, à nous payer avec de telles allégations ? Et ces allégations ne sont-elles pas une chose choquante pour tout un pays d'où l'on tire sans cesse tous les centimes facultatifs pour confectionner ailleurs d'autres ouvrages, comme par exemple sur le pont d'Amboise et sur la *double* route de cette ville à Tours, quand en même tems on refuse toutes allocations à l'*unique* route de Saumur à Chinon, et à un pont que cette dernière ville a été obligée de construire à ses frais; pont où aboutissent quatre routes départementales, et qui lui a coûté 75,000 francs ? Et remarquez encore que le péage de ce pont avait fourni un boni de 15,000 francs qui devait être employé aux routes adjacentes, et dont le Gouvernement s'est emparé sous le nom de fonds départementaux, tandis qu'ils ont été payés par le seul arrondissement de Chinon. C'est ainsi que le système de centralisation attire tout. Malheur à ceux qui sont éloignés du soleil, il ne luit guère pour eux. En général, dans les premiers arrondissemens de chaque département, il règne un esprit qui fait qu'on ne pense qu'à la splendeur de la ville chef-lieu et aux intérêts de ce qui l'entoure; et si l'on pense aux autres arrondissemens, ce n'est que pour savoir à combien se monte la quotité de leurs centimes facultatifs. Cependant je suis loin de m'opposer à ce que l'on fasse des fonds pour subvenir à ce qui doit appartenir raisonnablement à la splendeur du chef-lieu; mais au-delà de son enceinte ou de sa banlieue, je voudrais que la justice distributive présidât à tout.

Les idées erronnées que je signale ici sont à la vérité merveilleusement servies quand les majorités appartiennent plus ou moins au seul premier arrondissement; ceci est un vice qu'il serait nécessaire de corriger, en mesurant la représentation des arrondissemens, non sur la population quand elle est disproportionnée avec la prépondérance des voix, mais d'après un système qui maintînt un juste équilibre ; autrement, quand surtout il est question de répartition d'impôts et d'allocations, c'est mettre par trop et trop souvent la majorité d'un conseil à l'épreuve ; c'est l'exposer à faire le partage du lion, comme je l'ai vu arriver quelquefois.

4° *Il sera à jamais impossible de mettre cette route hors d'eau.*

Ceci est une grande erreur ; à la vérité, je n'accuse qu'une seule personne de l'avoir commise ; mais comme d'autres pourraient aussi la commettre, il est important que je la relève.

Si cette personne eût eu quelques connaissances dans cette partie, elle eût su d'abord que les ingénieurs ordinaires ne font jamais de plans, ni profils, ni devis, pour travaux de cette nature, qu'ils ne présentent pour première condition de mettre ces sortes d'ouvrages hors d'eau, sans quoi leur travail serait mal accueilli à la direction des ponts et chaussées. Tous les plans de cette route ont été faits, tant anciennement que nouvellement, avec cette condition, et les ouvrages ont été commencés en conséquence. Cette personne eût su, au contraire, que rien n'est plus facile que de mettre hors d'eau une route tangente d'un coteau ; et c'est le cas de celle-ci, sauf cinq petits vallons que l'on comble par des chaussées qui en joignent les côtés ; deux le sont déjà, ayant été compris dans le peu de travaux qui jusqu'à présent ont été faits sur cette route. D'ailleurs, quand il serait difficile de la mettre hors d'eau, est-ce une raison d'abandonner tout un pays et toute une population à la submersion, et de les tenir ainsi séparés, pendant une partie de l'année, de leurs marchés, de leurs justices de paix, de leurs tribunaux (*a*) et de leurs chefs-lieux d'arrondissement et de département. Le peuple hollandais sut bien autrefois se tirer de sous les eaux avec bien plus de difficultés.

(*a*) L'année dernière les murs du parc du maire de Candes, grand propriétaire, furent escaladés, ses jardins ravagés et ses arbres coupés. Le procureur du roi, averti à tems, ne put s'y rendre à cause des grandes eaux ; les traces du crime se perdirent, et le crime est resté impuni.

5° Enfin on a prononcé *qu'on ne ferait rien de neuf que tout ne fût achevé, en commençant par un bout et finissant par l'autre.*

D'abord je ne vois pas comment on ne trouve que deux bouts à onze routes départementales, et puis je ne conçois pas que l'on trouve des bouts aux routes d'un département, qui, ainsi que les veines dans le corps humain, doivent se ramifier jusqu'aux extrémités de la France. C'est toujours ici le malheureux système de centralisation qui aveugle.

Cependant en supposant que cela pût être, alors pourquoi trouver le premier bout là plutôt qu'ici, ou ici plutôt que là? On me répondra sans doute qu'on commence par les plus mauvaises routes; alors on s'est étrangement trompé, la nôtre est certes la plus mauvaise de toutes: on dira encore qu'on a voulu commencer par celles qui réunissaient le plus d'intérêts; c'est une autre erreur, il est impossible d'en réunir plus que celle dont il est question; je l'ai déjà prouvé surabondamment. On a voulu aussi alléguer, pour excuser l'oubli ou l'infériorité où l'on a placé cette malheureuse route, que c'était celle de tout le département la moins fréquentée. C'est évidemment le contraire; l'allégation tombe ici devant les trente-quatre mille âmes qui occupent cette route et devant les nombreuses et grandes communications que son achèvement compléterait.

Mais revenons au principe qu'*il ne se fera rien de neuf que tout ne soit réparé.*

Ce principe pourrait être celui d'un capitaine de vaisseau irréfléchi, qui, dans une disette de vivres à bord, condamnerait la partie de son équipage la plus éloignée de lui à mourir de faim, pour continuer de bien nourrir celle qui l'entoure; mais il ne serait pas sans doute celui d'un bon père de famille; il ne peut être non plus celui du Gouvernement; car que dirait-on du nôtre, s'il portait d'abord tous les fonds destinés aux routes royales sur celles du nord à l'exclusion de celles du midi?

Les premières conséquences de ce principe ont été de rejeter,

1° Le vœu du conseil d'arrondissement de Chinon qui demandait que l'on s'occupât d'une lieue de route seulement, anciennement faite, de l'Isle-Bouchard à sa jonction sur la route de Châtellerault à Chinon, ce qui *complétait la communication du Berry et de la Haute-Touraine avec l'Anjou et le Bas-Poitou*, dit ce même conseil. (Toujours par Parilly, Saint-Germain, Candes et Montsoreau. Voyez la carte.)

2° La demande officielle du préfet de la Vienne, au nom de son conseil général, pour que le département d'Indre et Loire s'occupât aussi, sur son territoire (une lieue environ jusqu'à la limite), de la route de Chinon à Loudun, que les ingénieurs de la Vienne venaient de jalonner jusqu'à la même limite.

Cette route est ponctuée sur la carte ci-jointe ; on voit qu'elle tombe au Moulin de la Voie, à une lieue environ de Chinon, sur la route de Saumur ; par conséquent cette lieue est commune aux deux routes.

3° Les vœux exprimés à cet égard par les conseils d'arrondissement de Saumur et général de Maine et Loire.

4° La proposition de quelques allocations à cette route qu'a faite plusieurs fois l'ingénieur en chef du département d'Indre et Loire.

5° Enfin toutes mes demandes de fonds appuyées de tous les sacrifices que toutes les communes et particuliers riverains de cette route ne cessaient de faire.

Le département d'Indre et Loire, en s'isolant ainsi des départemens qui l'avoisinent, blesse les convenances, les intérêts généraux, et se met en quelque sorte en opposition avec l'article 20 de la loi précitée, qui dit : « *lorsque l'ouverture » ou reconstruction d'une route intéressera plusieurs départemens, notre » ministre de l'intérieur communiquera cette proposition aux conseils gé- » néraux, qui délibèreront sur l'utilité des travaux demandés et sur la » part contributive*, etc., etc. » A la vérité il manque ici la forme de la communication du ministre, mais le fond des choses est le même ; et si donc le ministre avait *communiqué*, ou s'il *communique* dans la suite, que devient alors la roideur du principe derrière lequel on s'est retranché ?

Mais une chose de plus ici, c'est qu'il est à remarquer que la rigueur de ce principe ne tombe que sur la partie du département située au-delà de la Vienne, entre l'Isle-Bouchard et Candes, que nulle part on n'a demandé aucuns sacrifices aux communes ou particuliers riverains des routes auxquelles on prodiguait les fonds, et que partout ailleurs des ouvrages neufs s'exécutent.

Voici la preuve de ce que j'avance.

On lit sur une des affiches d'adjudications du 11 septembre 1818 :

« *Ouvrages neufs* à exécuter entre Beaumont et Chemillé . 38,389 fr.

» *Ouvrages neufs* près la ferme de la Cigogne 8,586

» *Ouvrages neufs* sur la route de Château-la-Valière . . . . 75,715 fr.

Sur une autre du 28 mars 1820 :

» Réfections et *ouvrages neufs* entre Bléré et Loches . . . . 103,670 »

Cependant ceux qui ont vu depuis deux ans quelques ouvrages neufs faits sur la route de Chinon à Candes demanderont sans doute comment ces ouvrages se sont exécutés : je vais le leur expliquer.

Voyant donc qu'à cause du *principe adopté* les allocations que je sollicitais étaient constamment rejetées, je ne perdis pas néanmoins courage ; j'étais sur la brèche, il fallait m'y défendre.

Dans cette position, j'essayai de faire valoir un paragraphe de l'article 17 de la même loi qui suppose que « *des offres ou des dons pourraient* » *être faits par des communes, des particuliers ou des associations de* » *particuliers, pour être employés aux réparations ou constructions de* » *routes départementales qui les intéressaient ;* » et j'obtins qu'une somme serait mise en réserve pour doubler les offres de cette nature qui pourraient être faites.

Muni de cette disposition, je fus assez heureux pour obtenir des maires des communes et de différens particuliers riverains de cette route, pour 9,000 francs de dons ou d'offres en prestation en nature (*a*), qui à peine

---

(*a*) J'ai eu dans ces moyens, qui seront plus développés dans l'Appendice ci-joint, l'occasion d'éprouver combien ils étaient puissans, et en même tems de voir dans le cœur de l'homme un sentiment toujours disposé en faveur de ce qui est vrai, de ce qui est bien : joignez à cela la jouissance qui suivait de près les sacrifices ; je puis dire que j'ai trouvé, dans les cinq communes à qui je les ai demandés, infiniment de dévouement et de bonne volonté, et la preuve s'en est suivie, comme on l'a vu.

Sur la partie de cette route royale, entre Saumur et Montsoreau, il s'est fait des travaux immenses depuis deux ans ; plus de 50,000 fr. y ont été dépensés. Mais comme les parties par lesquelles on a commencé sont chères et qu'on les a faites à perfection, on n'a pu s'étendre loin ; il en reste d'impraticables plusieurs mois de l'année, mais

ont été doublés par les fonds départementaux ; car j'ai présenté à la réception des ingénieurs pour plus de 18,000 francs de construction de routes ou d'arches. Toutes autres allocations *sans conditions* m'ont été refusées ; à la vérité on ne pouvait refuser plus poliment.

Voici ce qu'on disait en 1818 au sujet de cette route.

« Deux mille six cents francs ont été consacrés à des ouvrages tellement » urgens que la communication serait aujourd'hui totalement interrompue » si on ne les avait pas entrepris. Les ouvrages faits par l'emploi de ces » fonds consistent dans la confection de six cent cinquante mètres de route, » dont le prix s'élève, d'après les évaluations qui en ont été faites, à près » de 7,000 francs. C'est au désintéressement et au zèle d'un des membres » du conseil général qu'un si heureux résultat est dû ; non content d'ac- » croître de ses propres deniers les ressources créées par le département, » il a appelé les communes riveraines à concourir à des ouvrages qu'il a

---

qu'il serait facile et peu dispendieux de rendre seulement viables, en attendant qu'on pût y travailler sérieusement, et l'ouvrage provisoire qu'on y ferait ne serait pas perdu, puisqu'il entrerait dans le plan de la route. Ces parties dont je veux parler sont sur les communes de Parnay, Turquant et Saint-Pierre-de-Rez. Il ne s'agirait que de rectifier et régaler les déblais qui ont été faits il y a quarante ans entre la maison Dupuy et la maison Target, et de tracer, depuis cette dernière maison jusqu'à Montsoreau, la nouvelle route par les *Ardauts*, petite plaine sablonneuse qui sépare le coteau d'avec la Loire, ce qui, je crois, est conforme au plan des ingénieurs. Le ragrément des déblais ne serait pas un travail d'une dépense bien considérable. Aidées un peu du Gouvernement, les communes limitrophes pourraient même se concerter entre elles pour son exécution.

A l'égard du tracé de la nouvelle route, ce serait une affaire de 800 à 900 francs pour la main d'œuvre, et de 1,000 francs au plus pour les indemnités, le terrein étant fort médiocre. Je suis persuadé que si ces trois communes faisaient aux *ponts et chaussées* la moindre offre de main d'œuvre et de transport de matériaux, ce corps, si dévoué au bien public, s'empresserait de répondre à cette sorte d'appel. Ces travaux, pour ainsi dire, préparatoires en Maine et Loire, joints à ceux qui se font en Indre et Loire, permettraient à la poste aux lettres de faire le service en carriole, et à des diligences de pouvoir parcourir cette route, sauf le tems des grandes crues : ce double service est désiré par tout le monde, et surtout par les deux villes de Chinon et de Saumur, entre lesquelles il existe tant de relations.

» d'ailleurs surveillés et dirigés avec une constance que l'amour ardent du » bien public peut seul inspirer...... Mais fidèle au système de CENTRALISATION...... on n'a rien proposé pour cette route. » Ici le mot funeste est prononcé sans déguisement.

On a dit encore en 1819 :

« Seconde partie de la route de Tours à Saumur, entre Chinon et Candes. » Cinq mille quatre-vingt-neuf francs ont été accordés à cette portion » de route, et M. du Petit-Thouars, qui s'est chargé de l'emploi de ces » fonds, a trouvé, par son zèle, son désintéressement et l'heureuse in» fluence qu'il a sur les habitans de cette contrée, le secret d'exécuter » pour plus de 8,000 francs d'ouvrage. M. l'ingénieur en chef a proposé » d'allouer pour la continuation de ces ouvrages 2,265 francs. Mais, con» sidérant que cette partie de route n'est pas au nombre de celles dont on » doit s'occuper, on se refuse à cette allocation. » (A cause du principe.) (*a*)

Et ce principe, qui n'est un principe que parce qu'on se l'est fait, car je ne sais où on l'a puisé, m'afflige d'autant plus qu'il me rappelle un peu celui qu'on a mis en balance avec l'existence de nos colonies où j'avais de grands intérêts : malheureusement ce principe s'affermit de plus en plus dans notre département. Dernièrement deux autres communes riveraines de cette route, Tizai et Cinnais, viennent de faire de nouvelles offres. On les a doublées suivant *le principe;* mais en même tems on a rejeté, suivant *le principe* encore, la demande que j'ai faite de 1,500 fr., à prendre sur une somme de 13,000 fr., restant de celle destinée à doubler les offres ou dons qui pourraient être faits, et qui devait, dans le cas d'absence d'offres, être employée, sans condition, sur des routes départementales. On nous a refusés, nous qui faisons tous les sacrifices, pour porter ces fonds ailleurs où l'on n'en fait aucun. Le motif de ma demande était de refaire à neuf un mauvais pas, entre les deux auxquels on devait travailler sur cette route dans les

---

(*a*) On croira sans doute ici que c'est un conseil général qui se fait des systèmes, qui distribue la louange ou le blâme et qui accorde ou refuse des allocations; point du tout : c'est, l'on peut dire, une institution qui s'est glissée, je ne sais comment, en avant et à côté d'un conseil général; ou plutôt je le sais, mais j'ai dit au commencement de ce Mémoire que je garderais le silence sur beaucoup de choses.

communes de Tizai et de Cinnais, lequel pas, s'il n'était refait à neuf, rendrait presque inutile la confection des deux autres : je ne me permets aucunes réflexions sur ce dernier refus, d'autres les feront pour moi. (*a*)

Si, après avoir mis en avant tant d'intérêts majeurs et vrais pour obtenir la sollicitude du Gouvernement en faveur de la route dont il est question, il m'était permis de parler d'une foule d'intérêts locaux, j'en pourrais faire valoir beaucoup...... Mais au reste pourquoi n'essaierais-je pas ? N'est-ce pas des intérêts particuliers que se compose l'intérêt général ?

Ceux qui ont obtenu des fonds pour les réparations ou constructions nouvelles des routes qui les intéressent ont fait valoir, outre les raisons de viabilité ordinaire, l'exploitation ou l'exportation des bleds, des vins et des bois de leur pays; mais les neuf communes du département d'Indre et Loire qui bordent cette route, et une partie de la plaine de Loudun contiguë à ce département qui y afflue, n'ont-elles pas aussi leurs bleds, leurs vins et leurs bois à exporter et à faire arriver par cette seule route au seul port de Saint-Germain ? Un seul négociant de Montsoreau m'a dit y avoir embarqué, cette année-ci, près de cinq mille pièces de vin et plus de trois mille sacs de bled, et qu'il y avait des années où il s'y en embarquait plus de vingt mille. Ce pays-ci n'a-t-il pas encore, de plus que les routes favorisées, cette énorme quantité de prunes, que produisent sa côte et ses vallons, à transporter à Montsoreau et à Candes, où trois cents

---

(*a*) En apprenant le rejet d'une demande aussi juste, je fus, je l'avouerai, tenté de tout abandonner, tant était grande la rigueur avec laquelle on ne cessait de nous traiter; mais j'en fus détourné par le conseil d'un personnage important, qui m'écrivait: « Votre lettre, Monsieur, m'afflige profondément; permettez-moi de vous prier de » renoncer à votre résolution. Tout me semble aujourd'hui favorablement disposé pour » faire revenir des préventions qu'on a prises contre cette route..... Rendez encore ce » dernier service à la contrée que vous habitez; faites pour elle ce dernier effort. Encore » une fois, attendez; je crois vous donner un conseil bon en lui-même, puisque, si » vous êtes maltraité, il vous reste la faculté de faire alors tout ce que vous jugerez » convenable. 17 mai 1820. »

J'ai regret de ne pas nommer la personne qui m'écrivait ainsi; mais je ne le puis sans sa permission; son nom attaché à notre cause lui serait sans doute favorable.

fours, constamment chauffés dans la saison, les transforment en pruneaux dits de Tours, pour, dans cet état, être transportés encore chez les négocians de Saumur ou de Chinon ? Ces neuf communes, abondantes en bois, n'ont-elles pas aussi à voiturer dans ces deux bourgs des milliers de fagots nécessaires à la cuisson de ces pruneaux ? Enfin n'ont-elles pas encore à transporter à ce port cette immense quantité de pommes qu'elles récoltent et que divers marchands des villages qui bordent la Seine près de Fontainebleau viennent tous les ans chercher avec leurs trains de bateaux, pour l'approvisionnement de Paris ? Mentionnerai-je encore ici cette foule de petits marchands ou commerçans, qui tout l'été couvrent cette route de leurs faibles animaux de bât, pour aller échanger à Saumur les fruits dont le territoire de Chinon abonde contre les légumes de toute espèce cultivés dans les environs de Saumur.

En vain répétera-t-on ici l'objection de la navigation de la Vienne. Si cette navigation offrait un moyen si facile de voyager, ces marchands et ces commerçans l'eussent pris depuis long-tems. Mais non ; ils savent, mieux que ceux qui nous paient de cette raison, que les courans ne se remontent pas aussi facilement qu'ils se descendent, et ils ne se soucient pas plus qu'eux de coucher à la belle étoile la moitié du tems de leur voyage.

Certes toutes les denrées que je viens de relater sont des objets de commerce, et puisque l'on veut des raisons de commerce, en voilà, je pense, surabondamment. Je le demande, tous ces genres de commerce étant faits tous les jours péniblement par des charrettes à bœufs ou des bêtes de somme, ne serait-il pas plus commode, plus profitable, pour les propriétaires, fermiers et commerçans de ce pays, d'avoir, comme ailleurs, une route qui leur permît de diminuer de moyens et de transformer leurs bêtes de somme en bêtes de trait. Et si, par le tems qui court, il était permis de présenter, en dixième ligne seulement, pour être prise en considération, la grande propriété, je dirais qu'en parcourant cette route de Chinon à Saumur on y rencontre plus de cinquante grosses habitations, dont vingt peut-être appartiennent à des éligibles.

Peut-être les motifs généraux que j'ai fait valoir en faveur de cette route auraient pu m'épargner d'entrer dans le détail des intérêts locaux ; mais, ayant entrepris de porter la conviction dans les âmes les plus opposées, je n'ai pas cru devoir épargner ces détails, quand on nous épargnait si peu les rigueurs. Car enfin de quoi se composent, dans notre département, les fonds destinés aux routes ? Des centimes facultatifs. La nature de cette contribution, toujours imposée *in extremis*, en rend la source sacrée; et quand on se permet d'y puiser, ce ne doit être qu'avec la résolution d'en user avec la justice distributive la plus exacte. On a été loin delà envers nous, puisque, dans le principe et par le principe, on a mis notre route à-peu-près au rebut; ou du moins si, depuis, la moindre allocation nous a été accordée, ce n'a été qu'à la condition rigoureuse de la doubler; c'était nous imposer doublement; et à nous seuls cette *prédilection* a été réservée. Encore si tous les ans on nous eût seulement abandonné nos centimes facultatifs, nous nous serions tous les ans tirés au moins d'un mauvais pas, et probablement nous aurions gardé le silence.

Je viens de faire tous mes efforts pour essayer de retirer de sous les eaux et de sous le poids d'un anathême si terriblement prononcé contre elle la route de Chinon à Saumur; cet anathême se résume dans le peu de lignes qui suivent.

On a dit et on dit encore aux habitans de cette belle contrée de la France: « De tout tems on a pris vos impôts et on va continuer de les » prendre pour *continuer d'aller réparer ou refaire à neuf toutes les* » *routes départementales*, LA VÔTRE EXCEPTÉE, et après avoir employé » à ce grand œuvre huit années et 800,000 francs, toutes les routes du » département *seront faites et parfaites*, HORS CELLE DE CHINON A » SAUMUR, qui toujours restera un cloaque, parce qu'avec les 6,000 francs » qu'on vous promet on ne peut faire pour 100,000 francs d'ouvrage, et » encore ces 6,000 francs promis sont-ils plutôt une marque de souvenir » qu'autre chose, car on ne peut vous les assurer que sur les brouillards » de la Vienne. »

Ce langage devait être celui des Lacédémoniens à leurs ilotes.

Je conclus à ce que l'anathême prononcé contre cette malheureuse route soit retiré, et à ce qu'il lui soit accordé des fonds tels qu'elle puisse marcher, ou plutôt qu'on puisse marcher dessus, à l'égal des autres routes du département.

P.-S. Les négocians de Saumur faisant presqu'exclusivement tout le commerce de ces pays-ci (*a*), je leur ai communiqué, par la voie de leur président, ce Mémoire, quand il a été achevé, pour avoir leurs observations : j'étais loin de la pensée d'aller de porte en porte demander des signatures. Cependant au bout de quinze jours M. le président me l'a renvoyé revêtu de près de cinquante signatures des premiers négocians et des principales maisons de commerce de cette ville, avec leur avis ainsi conçu :

« Les soussignés ont pris lecture du présent Mémoire, rédigé par M. du » Petit-Thouars, membre du conseil général du département d'Indre et » Loire. Pénétrés de l'importance de son objet, frappés de l'évidence et » de la solidité des raisons qu'il présente, et convaincus depuis long-tems » des grands avantages que le commerce de Saumur doit retirer d'une » communication libre et facile avec l'arrondissement de Chinon, au moyen » de la route dont la construction est réclamée, ils s'empressent de donner » leur approbation pleine et entière au contenu dudit Mémoire, en exprimant leur reconnaissance à l'Auteur pour le zèle étendu et éclairé avec » lequel il se porte à proposer et soutenir l'exécution d'un projet d'un » intérêt aussi majeur. Saumur, 17 avril 1820. » (*b*)

C'est ainsi que s'expriment sur cette route les négocians d'une ville, l'une des premières de France par l'étendue de son commerce et la sûreté de sa place ; jamais de faillite, jamais de marchés contestés. Aussi cette ville marche-t-elle vers la plus grande prospérité : c'est une des premières que consulte le Gouvernement pour savoir quand il y a lieu à favoriser ou à arrêter l'exportation des bleds.

(*a*) Ce commerce s'étend jusqu'à la Haye, tellement que ce nom désigne à la bourse de Saumur le cours d'une qualité de bled. Ainsi quand on veut parler de telle qualité de bled, on dit *bled de la Haye*, et de telle autre *bled de Brissac*.

(*b*) Je ne copie pas ici les nombreuses signatures qui suivent, étant prêt à en justifier, aussi bien que de tout ce que j'ai avancé dans ce Mémoire ; il me suffit, pour ma satisfaction, de les avoir au bas de mon manuscrit.

J'ai aussi négligé de faire intervenir ici le vœu des neuf communes qui, en Indre et Loire, bordent cette route ; elles l'expriment de la manière la plus énergique par les efforts qu'elles ne cessent de faire pour sa confection. Le maire d'une de ces communes, M. le Ch. de ***, me disait hier : « Quand donc s'occupera-t-on de nous, voilà plus d'un an que nous faisons des offres en argent et en nature, et nous n'entendons parler de rien ? » Je n'ai su que lui répondre.

APPENDICE

OU

Mode proposé pour le meilleur emploi des fonds et autres moyens destinés à l'entretien, la réparation ou la confection des routes et chemins vicinaux.

ROUTES DÉPARTEMENTALES.

PÉNÉTRÉ de l'importance des grandes routes pour un grand Etat et des avantages qui en résultent particulièrement pour les départemens et communes qu'elles traversent, et de l'utilité de chemins vicinaux au moins praticables, cette partie de l'administration publique a toujours été l'objet de mes méditations : j'ai fait plus ; voulant la connaître dans tous ses détails, je me suis rendu adjudicataire d'une partie de grande route à ma portée ; j'en ai été souvent le piqueur ; j'ai fait faire les nivellemens, les déblais et les remblais ; j'ai fait construire des arches, des ponceaux ; le tout d'après les plans et devis des *ponts et chaussées*. Je n'ai pas négligé d'assister aux évaluations des terreins et d'arbres pour lesquels il était dû des indemnités, etc. J'ai eu aussi occasion d'employer la prestation en nature concurremment avec des fonds départementaux sur de grandes routes, et isolément sur des chemins vicinaux. Joignez à cela quelques notions de géométrie qui me restent, et je puis dire, avec quelque raison peut-être, que je connais le fort et le faible de cette partie de l'administration. Je n'ai attaché ni honte ni gloire à mettre ainsi la main à l'œuvre ; c'était pour moi une occupation comme une autre ; je n'ai fait d'ailleurs que remplir le devoir d'un citoyen qui aime son pays.

J'ajouterai que j'ai lu plus d'une fois avec attention la loi du 16 décembre 1811, contenant *réglemens sur la construction, la réparation et l'entretien des routes*, loi en général bien faite, de laquelle il pourrait dériver de nouvelles ordonnances ou réglemens qui en seraient le corollaire et qui multiplieraient les moyens d'exécution ; moyens si insuffisans dans l'état actuel des choses.

Depuis cette loi, il semble que l'on porte plus d'intérêt à l'amélioration des routes et à la facilité des communications. Celui qui a pris sur le terrein quelques idées qui pourraient leur être favorables doit les émettre ; c'est à ce titre que je propose, en forme d'ordonnances, les projets suivans. Je pense qu'ils conviendraient aux intérêts généraux et particuliers, sans oppression, sans moyens forcés, et finiraient par compléter en France un grand système de viabilité, tel qu'on peut le désirer.

Après l'exposé du premier projet et les réflexions à l'appui de chaque article, je supposerai un conseil général faisant le budjet de ses routes d'après les principes que je propose.

Premier Projet de loi ou d'ordonnance.

Art. 1.

Il sera ouvert, si déjà elle ne l'est, une route départementale de chef-lieu à chef-lieu d'arrondissement contigu.

Ce principe ne ferait que compléter un système qui, je crois, existe déjà aux trois quarts. Ainsi la France se trouverait percée dans tous les sens et par ses points les plus importans. Ainsi ce système *décentraliserait* les fonds et les petites vues qui toujours se centralisent aux chefs-lieux des départemens ou dans les premiers arrondissemens ; car souvent, s'il est question des autres, ce n'est que pour calculer ce que les centimes facultatifs qu'on leur impose produiront. On répondra sans doute à ce que je viens de dire. *Mais comment entreprendre quelque chose de neuf quand à peine on a de quoi entretenir ce qui est fait* ? D'abord pourquoi se met-on dans le cas d'avoir A PEINE de quoi entretenir les routes ? Parce que l'argent des contribuables est prodigué partout, soit à des faveurs, soit à des inutilités, soit à des choses de luxe, aux dépens de choses de première nécessité, et parce qu'il y a en général beaucoup de perte pour le Gouvernement dans tous les marchés qu'il contracte ; et d'ailleurs quand il n'y aurait ni injustice, ni malversations, ni impéritie, et que la somme destinée aux routes ne pût être que ce qu'elle est, est-ce une raison de ne pas traiter aussi également qu'on le peut tout ce qui contribue également ? Faut-il condamner à mourir de faim la moitié d'une ville, parce qu'il n'y a que de quoi nourrir l'autre moitié ? Et je ne connais pas de plus grande inégalité entre deux communes, entre deux cantons, que celle, pour les uns, d'être traversés par une grande route ou un bon chemin, et, pour les autres, d'en être éloignés. Le système que je propose rapprocherait déjà tout le monde d'une grande route ; tracez-les d'abord ; donnez ainsi l'espérance et quelques facilités, en attendant mieux. J'insiste sur ce tracé, parce qu'il est nécessaire pour profiter des moyens auxiliaires et annuels que je vais proposer.

ART. 2.

La première année les nouvelles routes seraient simplement tracées au moyen des fossés d'usage ; les fonds nécessaires pour cette première opération seraient faits par les départemens respectifs.

Ces sortes de fossés peuvent coûter à-peu-près cinq sols la toise courante ; ce serait environ 900 fr. qu'il en coûterait par lieue. Le tracé de ces nouvelles routes, fait autant que possible après l'ordonnance rendue, offrirait plusieurs avantages. D'abord il est à présumer que les nouvelles routes seraient ouvertes dans des directions ou plus courtes ou plus favorables, et qu'ainsi elles pourraient être livrées, dès la première année, au public à pied ou à cheval, et successivement aux charrettes et aux voitures, à mesure que les endroits impraticables, par lesquels on commencerait toujours, se confectionneraient ; et puis les communes *riveraines*, toujours soumises à une légère prestation en nature, (on verra ci-après pourquoi) sauraient en attendant où déposer les matériaux.

ART. 3.

Les indemnités dues pour terrains, clôtures et arbres, pris ou détruits par le tracé, seraient payés dans les deux premières années sur les fonds départementaux.

Après le tracé des nouvelles routes, on procéderait aux évaluations pour fixer les indemnités qui seraient dues. Ces indemnités pourraient être réglées par un jury, comme cela se pratique en Angleterre. Ici on rappellerait ou

4

on établirait un double principe, d'après lequel le jury statuerait : 1° que tout intérêt particulier doit toujours céder à l'intérêt général (*a*); 2° que l'indemnité serait toujours réglée entre le tiers et le quart au-dessus de la valeur vénale, pour réparer ainsi, autant que possible, ce qu'il peut y avoir de violent dans la mesure qui fait céder l'intérêt particulier à l'intérêt général. Comme le montant de toutes les indemnités pourrait être trop considérable pour être payé la première année, il serait divisé en deux ou trois annuités avec intérêt.

ART. 4.

En principe toute route royale ou départementale serait considérée comme chemin vicinal pour les communes qu'elle traverse, et passible d'en recevoir des secours, ainsi qu'il va être dit en l'article suivant.

Rien de plus juste et de plus naturel qu'une commune, traversée par une grande route, contribue, dans une certaine proportion au-dessus de celles qui n'en sont pas favorisées, à son entretien. Outre les avantages que cette route procure à la commune pour l'exportation de ses denrées, n'est-elle pas en même tems un chemin vicinal pour elle ?

ART. 5.

Tout individu mâle, de quinze à soixante ans, d'une commune traversée par une grande route, serait taxé par an à deux journées de travail; néanmoins le tiers le moins aisé de ces individus en serait exempt et le tiers le plus imposé serait doublé. Les charrettes de fermiers, métayers ou propriétaires et les voitures de maître dans ces communes seraient également taxées à deux journées d'apport de matériaux ; le tiers le moins imposé des propriétaires de charrettes ne serait taxé qu'à une journée, et le tiers le plus imposé le serait à trois.

Je ne voudrais pas d'autre proportion dans la répartition de cette charge publique ; cette proportion suffit dans ce cas-ci, et souvent elle sera plus juste que lorsque le caprice ou l'arbitraire viendront l'établir ; elle ferme la bouche à des réclamations sans fin ; car dans des choses de cette nature,

(*a*) Article de la Charte.

comme dans le cadastre, et ici la chose est d'une bien moindre conséquence, lorsque vous voulez être d'une justesse matérielle vous tombez dans l'inextricabilité.

Je puis ici m'autoriser, en faveur de ce que je viens de dire, du rapport de M. Dutems, ingénieur distingué, envoyé en Angleterre par M. le directeur général des ponts et chaussées, pour prendre connaissance du système des routes dans ce pays où l'on voyage, dit-on, avec tant de facilité.

Voici ce qu'il dit, 62me livraison du Conservateur :

« Les routes en Angleterre jouissent, quant à leur bonté, d'une réputation méritée; mais cet état de choses est moins dû aux procédés de l'art qu'à la double et féconde ressource que procure aux administrations locales le système combiné du péage établi sur ces routes et des travaux supplétifs de la corvée qui est maintenue même sur les routes à barrières. D'ailleurs, ni pour le tracé, ni pour rien de ce qui appartient à la science de l'ingénieur, ces routes ne peuvent être mises en parallèle avec celles de France. »

En France, puisque l'essai du péage n'a pas réussi, les fonds spécialement destinés aux routes royales ou départementales remplaceraient ceux perçus aux barrières; et la prestation en nature, telle que je la propose en cet article, remplacerait la corvée : mot qui pourtant devrait cesser d'être odieux quand on propose de n'en exempter que les plus pauvres et quand on double les plus riches.

« Ce n'est pas par leur régularité, continue M. Dutems, que les routes d'Angleterre sont remarquables, c'est par leur bonté, qui est due à une administration sans cesse surveillante et dont les soins descendent jusqu'aux moindres détails. Chaque commune, chaque voyageur, peut, au moindre désordre, citer l'administration devant le juge de paix. »

Voilà ce qui nous manque en France. Vingt voyageurs rompraient leurs voitures au même endroit, dix diligences verseraient dans un autre, un arbre serait renversé, un rocher serait tombé au milieu d'une route, on ne sait à qui s'adresser pour faire disparaître l'obstacle, pour faire réparer ce désordre; tout le monde y est étranger; d'éternelles formes, qui ne prévoient rien, ajournent toujours indéfiniment le remède.

« Il n'existe pas, continue M. Dutems, un régime plus sûr, meilleur, » sinon pour exécuter de grandes choses, du moins pour en faire de » bonnes et d'utiles. » Hé bien ! en France nous avons les moyens de faire en même tems de grandes, de bonnes et d'utiles choses, pourquoi ne les faisons-nous pas ? Toutefois pourtant, de crainte de nous tromper, commençons par les utiles.

ART. 6.

Après ces dispositions générales, toutes les fois qu'un particulier ou association de particuliers, ou des communes riveraines d'une grande route, feraient, pour l'amélioration ou la confection de cette route qui les intéresserait, des offres en nature ou en argent, ces offres seraient aussitôt doublées soit sur les fonds départementaux pour les routes départementales, soit sur les fonds de l'Etat pour les routes royales.

Ceci est implicitement renfermé dans la loi du 16 décembre 1811. En effet pourquoi en général les routes ne sont-elles pas au degré de perfection que l'on désirerait ? Parce que sans doute les fonds qui leur sont destinés tous les ans sont insuffisans ; car rien de ce qui appartient à l'art ne manque ; cet art est poussé à sa perfection par le corps des ponts et chaussées. Dans le cas donc où la pénurie des fonds se fait sentir à cet égard, pourquoi ne saisirait-on pas, ne provoquerait-on pas même ce moyen de les augmenter ? Il ne serait point vexatoire, puisqu'il n'est que facultatif. Ne serait-ce pas le cas de dire à un département, à un arrondissement, à une commune, à de riches particuliers ? « Vous avez eu votre quote-part suivant le degré de vos besoins combinés avec la justice distributive, cela ne vous suffit pas ; hé bien ! aidez-vous, nous vous aiderons ;

« Hercule veut qu'on se remue,
» Puis il aide les gens....................... »

(LAFONTAINE.)

ou bien attendez le moment où les moyens permettront d'aller plus efficacement à votre secours. »

ART. 7.

Chaque route serait cantonnée, terme moyen, par deux lieues, un peu plus, un peu moins, suivant les localités ; la prestation en nature des communes situées sur ces deux lieues ne pourrait être employée plus loin.

Un propriétaire riverain pourrait être chargé de l'inspection de ces deux lieues ; ses fonctions seraient d'avertir l'administration compétente des réparations qui appartiendraient à l'art, et de s'entendre avec les maires riverains pour celles qui seraient simples et journalières, à l'effet d'y employer la prestation en nature à compte de ce qui serait dû par les communes.

Art. 8.

Après avoir distribué sur les routes ou parties de routes dites à l'entretien la somme annuelle à ce destinée, on fait les fonds pour les constructions, reconstructions ou grandes réparations ; les endroits les plus mauvais, les plus impraticables, sans acception d'arrondissement, de canton ou de commune, appelleraient d'abord les priorités pour l'emploi des fonds, ainsi successivement tous les ans, jusqu'à construction, reconstruction ou réparation entière.

Ce principe serait constant et absolu ; tous les ans les conseils généraux en feraient l'application sur le rapport uniforme ou contradictoire des ingénieurs et des commissaires. Il est conforme à la justice, en ce que, cette dépense n'étant pas de nature à égale répartition, ce serait l'urgence et les plus grands besoins qui appelleraient toujours l'argent et les travaux, et non le caprice ou la faveur. Il forme en même tems le meilleur système de routes départementales, en ce que toutes les routes d'un département marcheront d'un pas égal vers leur perfection, suivant le tems et les moyens. Ici la justice et les résultats tueront cette phrase : *en fait de route on ne fera rien de bien, si l'on ne commence par un bout pour finir par l'autre.*

Aujourd'hui je puis fournir à l'appui de ma proposition la preuve de l'expérience. La route de Chinon à Candes était impraticable, pour les charrettes et les voitures ; près de cinq mois de l'année, et dans certains endroits toujours dangereuse. Hé bien ! de concert avec les ingénieurs, j'ai porté les fonds départementaux et les efforts des communes sur ces parties impraticables, et aujourd'hui cette route n'est nulle part dangereuse, et n'est plus impraticable qu'un mois ou six semaines de l'année, dans le tems des grandes crues de la Vienne ou de la Loire : cette preuve est irrécusable.

Ce principe était également reçu dans les *ponts et chaussées*. Quand le Gouvernement décidait qu'une route serait entreprise, après avoir tracé et payé les indemnités, dans l'insuffisance des moyens pour tout faire, les ingénieurs commençaient toujours par les parties que la nature du terrain annonçait devoir être les plus mauvaises; on sautait autrefois par-dessus les parties sablonneuses ou rocailleuses, en attendant mieux. Combien de fois ne voit-on pas encore de ces lacunes, même sur des routes royales ? On se contentait alors du passable, de ce qui était possible avec les moyens qu'on avait. Aujourd'hui on prétend à la perfectibilité sur tout, quand partout à peine peut-on atteindre à la condition moyenne. Aussi que de méprises !

ART. 9.

L'article 25 de la loi du 16 décembre 1811 serait modifié ainsi qu'il suit : les préfets nommeraient dans chaque partie de route un propriétaire riverain qui serait chargé de la surveillance de son canton. Ces propriétaires se réuniraient une fois par an au chef-lieu de leur arrondissement. Là, apportant chacun leurs renseignemens, ils en formeraient un travail qui recevrait l'avis du conseil d'arrondissement, pour ensuite être présenté au conseil général. Les ingénieurs, de leur côté, feraient leur rapport à celui-ci, qui, jugeant contradictoirement, ferait les allocations suivant le principe proposé.

D'après les principes que je viens d'émettre, je suppose qu'il résulterait un budjet de routes départementales à-peu-près semblable à celui-ci.

Un département a cent lieues de routes départementales ouvertes ou à ouvrir, à réparer ou à entretenir; SAVOIR :

Quarante sont dites à l'entretien, ci....................	40 lieues.
Cinquante à réparer plus ou moins, ci....................	50
Dix à ouvrir et à construire, ci....................	10
TOTAL....................	100 lieues.

Les fonds faits pour cet objet sont de 100,000 francs.

Six cents francs par lieue sont ordinairement nécessaires pour le simple entretien ; il y en a quarante en cet état ; ce serait 24,000 francs ; à cause de la prestation en nature, supposée établie ainsi que je l'ai dit, je ne porte ici pour cet objet que 12,000 fr., ci.................. 12,000 fr.

Dix mille francs seraient mis en réserve pour être prêts à doubler les offres qui pourraient être faites par des communes ou particuliers, ci.................................... 10,000

Si aucune offre ni dons n'étaient faits, ces 10,000 fr. seraient réunis aux 55,000 fr. ci après.

Dix mille francs seraient destinés pour le tracé des dix lieues de routes à ouvrir, ci.................................... 10,000

Treize mille francs seraient réservés pour commencer à payer les indemnités pour terrains et arbres pris par les nouvelles routes, ci.. 13,000

Cinquante-cinq mille francs seraient destinés aux constructions, reconstructions ou réparations de routes dégradées, ci........ 55,000

TOTAL.................. 100,000 fr.

Tels sont les principes que j'eusse voulu voir adopter pour la formation d'un budjet de routes départementales ; tels ils n'ont pas été adoptés quand je les ai proposés ; je n'en dirai pas la cause, elle est inutile au public pour le mettre à même d'apprécier la différence entre ceux-ci et ceux que j'ai vus prévaloir.

Sans doute plusieurs années, suivant le tems et les efforts qu'on emploierait, seraient nécessaires pour compléter la parfaite viabilité d'un département ; mais enfin ce système bien suivi aurait un terme, peut-être plus rapproché que celui qui lui a été préféré ; et il est à remarquer que, quelle que soit la situation des routes dans un département, il n'y a pas une pelletée de terre, ni une pierre de plus, à remuer dans l'un ou l'autre système, puisque la toise de route est indifférente à la main qui la construit, pourvu qu'elle le soit dans les règles de l'art ; et, dans ce système-ci, vous êtes juste envers tout le monde ; vous n'ôtez pas aux uns pour donner aux autres ; vous ne mettez personne hors la loi ; vous ne votez pas d'impôt au-delà de votre compétence et vous arrivez aussi vîte qu'avec tout autre moyen.

CHEMINS VICINAUX.

Sous le nom de chemin vicinal on comprend actuellement tout chemin qui n'est pas *grande route.* Il me semble que cette dénomination est trop générique, pour exprimer des chemins vicinaux qui souvent présentent tant de différence dans leur usage et leur importance. Ne pourrait-on pas les diviser en trois classes, avec leur dénomination particulière, comme celles-ci : chemins cantonnaux, chemins vicinaux et chemins ruraux ?

La première désignerait tous chemins de ville à ville ou de bourg à bourg voisins, que la grande viabilité ou leur importance n'auraient pas mis au rang des grandes routes, la seconde les chemins de clochers à clochers dont les communes seraient contiguës, et enfin la troisième tout chemin d'usage qui n'appartiendrait pas aux deux premières classes.

Dans l'état des choses il ne serait question d'abord, pour les administrations départementales, que des chemins cantonnaux.

Comme on l'a vu ci-dessus, les routes départementales doivent être entretenues sur les fonds spéciaux du département, et auxiliairement au moyen de la prestation en nature et d'offres ou dons faits ou provoqués auprès des communes ou particuliers, lesquels seraient aussitôt doublés par les fonds départementaux. Ici ces moyens auxiliaires seraient seuls employés pour l'amélioration des chemins cantonnaux, du moins jusqu'à ce que la confection des routes départementales fût achevée, ou qu'un meilleur état de finances permît de s'en occuper plus efficacement. Mais pour régulariser tout cela et mieux préciser mon idée, je la renferme dans le projet d'ordonnance ci-après.

Néanmoins, quoique je mette ici en première ligne les chemins cantonnaux, c'est seulement pour fixer l'attention de l'administration sur ce qui me semble le plus pressé ; car il serait difficile de se refuser d'étendre la mesure que je propose aux chemins vicinaux, lorsque les communes riveraines ou des particuliers feraient de semblables offres.

Projet d'ordonnance.

Art. 1.

Les chemins dits cantonnaux d'un arrondissement seront reconnus et spécifiés par une commission de trois membres, composée d'un membre du conseil d'arrondissement, d'un des maires des communes riveraines et d'un ingénieur des ponts et chaussées.

Art. 2.

La largeur de ces chemins serait fixée à dix-huit pieds; tout propriétaire riverain, devant qui cette largeur n'existerait pas, sera censé avoir usurpé; il ne sera dû d'indemnité qu'en cas que certaines localités commandent un redressement de chemin ou un changement de direction.

Art. 3.

Les conseils généraux feront des fonds pour doubler la prestation en nature des communes riveraines de ces chemins, ou les offres ou dons qui pourront être faits en leur faveur.

Art. 4.

Il sera établi par arrondissement un ingénieur (a), lequel sera membre de la susdite commission et spécialement attaché aux travaux de ces sortes de chemins.

Art. 5.

La première année tous les moyens et fonds à ce destinés, comme dons de particuliers ou la prestation en nature dont seraient toujours passibles les communes riveraines, le tout doublé par des fonds départementaux ou de charité, seront réunis pour redresser, élargir, à la demande prescrite, ces sortes de chemins, les nétoyer d'arbres incommodes, et en refaire les fossés latéraux; les années suivantes on marchera vers leur entière confection, suivant le tems et les moyens.

(a) Ces places pourraient être données à des ingénieurs en retraite, qui souvent chez eux aimeraient encore à se rendre utiles et à recevoir un supplément de traitement.

Je dis que les chemins cantonnaux seront élargis ou maintenus à dix-huit pieds sans indemnité : ceci est de droit naturel ; d'ailleurs je crois qu'il existe une ordonnance d'un de nos Rois qui les fixe à cette largeur. Je dis encore que la première chose à faire serait, au moyen des fossés d'usage, de les retracer ou redresser, parce que déjà les communications en seraient plus faciles, et que, le terrain étant ainsi bien déterminé, les propriétaires riverains sauraient où déposer les matériaux auxquels ils seraient taxés ultérieurement et qui souvent embarrassent des champs voisins.

Je mets aussi les travaux de ces sortes de chemins entre les mains d'un ingénieur appartenant au corps des ponts et chaussées, parce qu'il est nécessaire qu'en ces sortes de choses tout passe par les gens de l'art ou du métier; qu'autrement chacun agit à sa guise, par conséquent dans des sens différens, ce qui est déjà un mal; joignez à cela l'inhabileté ou des intérêts particuliers qui presque partout présideraient à tout, vous n'auriez que des résultats imparfaits et auxquels surtout il manquerait l'uniformité qui convient. Ce serait peut-être deux ou trois ingénieurs de plus à employer par département. Si on le voulait bien, on pourvoirait à cette dépense si utile par la suppression de beaucoup d'autres si inutiles; vous mettriez des gens instruits, appartenant à un corps surveillant et chez qui les talens et les sujets abondent, à la place de gens souvent médiocres ou nuls, chargés ailleurs de besogne plus nulle qu'eux encore, tandis que celle renfermée dans l'ensemble du système que je propose demande tous les soins et l'attention du Gouvernement.

Ainsi, si ce système était adopté, l'on verrait partout se multiplier les piqueurs, les maîtres-ouvriers, des compagnons dont l'état deviendrait réellement un métier; et si, en fait de grandes routes ou de tous autres chemins, vous n'avez pas de maîtres-ouvriers à la tête des plus petits ateliers, pour aider, redresser le travail et pour faire suivre à la lettre les plans et profils, vous faites une mauvaise besogne et très-chère. La pierre philosophale, en travaux de cette nature, est de ne jamais remuer deux fois une pelletée de terre ou aucuns matériaux.

P.-S. A l'instant où je livre cette dernière feuille à l'impression, j'apprends que le conseil d'arrondissement de Chinon vient de me voter des remerciemens pour les efforts que j'ai faits relativement à la route dont il est question dans ce Mémoire, route jugée si importante par ce conseil, qu'il m'engage à continuer les mêmes efforts pour atteindre le but proposé.

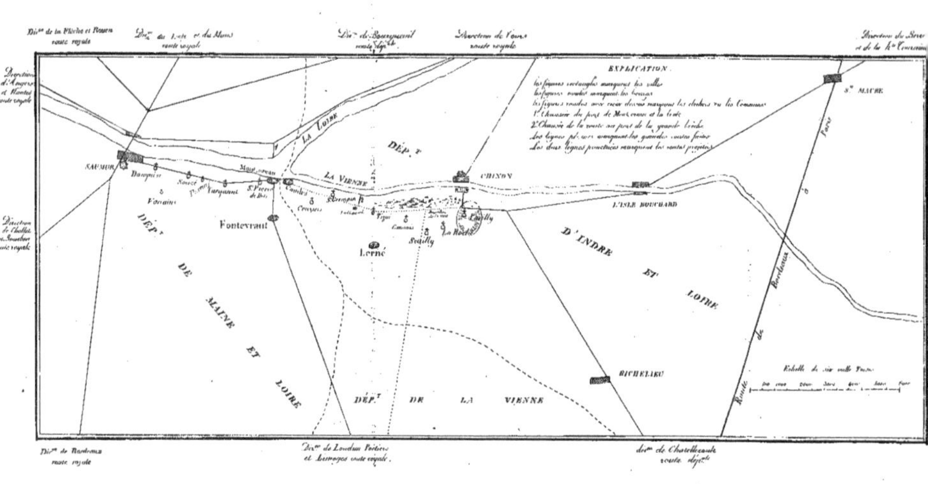